AF455702

LE GUIDE

DES

BOULANGERS,

MEUNIERS & MINOTIERS

par

MICHEL (Henri) Fils Aîné

Boulanger

A PÉRIGUEUX.

PRIX : 3 FRANCS.

PÉRIGUEUX

IMPRIMERIE DUPONT & Cie.

1874

Tout exemplaire non revêtu de ma signature sera réputé contrefait et poursuivi selon la rigueur des lois.

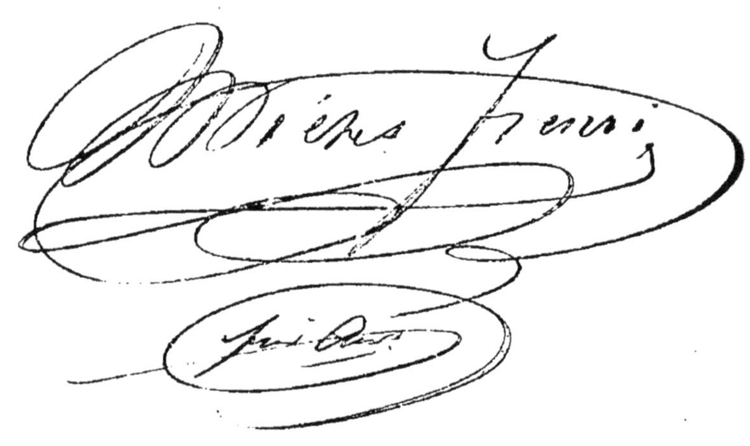

AVERTISSEMENT

Le livre que j'offre au public est le résultat de sérieuses expériences et de longs calculs que, depuis plus de deux ans, j'ai faits avec le plus grand soin.

Il sera, je crois, de la plus grande utilité pour les boulangers, meuniers et minotiers, qui pourront, grâce à lui, s'éviter des calculs pénibles et difficiles pour arriver à se rendre un compte exact de ce qu'ils feront à l'avenir.

Un certain nombre de boulangers, peu instruits et peu habitués à manipuler les chiffres, opèrent chaque jour sans pouvoir se renseigner exactement sur ce qu'ils font. Ils achètent des blés et des farines à des prix qui varient souvent dans une notable proportion ; ils ont des frais généraux dont ils ne connaissent pas au juste le total, et ils vendent leur pain à un chiffre qu'ils fixent à la légère, je dirai presqu'au hasard, sans savoir si ce prix, pour eux, est suffisamment rémunérateur.

Il résulte de là de fréquentes déceptions, trop souvent même la ruine et la faillite.

Grâce à mon livre, le boulanger le plus inexpérimenté, l'homme qui n'a aucune notion du calcul le plus simple, peut facilement et d'un seul coup d'œil, à la simple lecture, savoir le prix auquel il doit vendre le pain qu'il fabrique, en réalisant un bénéfice, et en tenant compte des variations si fréquentes dans le cours des blés et des farines.

Mais ce n'est pas seulement aux boulangers que mon livre s'adresse, il est aussi indispensable aux meuniers et aux minotiers, qui y trouveront d'utiles renseignements.

Ils y verront les prix qu'ils devront demander d'une balle de farine d'après le prix des blés, leur rendement et le prix du son.

Enfin, ils auront dans mon Manuel, qui réalise un progrès immense et qui est complétement neuf sur la matière, un moyen sûr de contrôler leurs opérations.

Les données sur lesquelles j'ai raisonné m'ont été fournies par l'expérience, et les chiffres que j'avance ont été puisés aux sources les plus sûres.

Ce petit livre, essentiellement pratique, destiné à éviter tout calcul, est on ne peut plus facile à consulter ; aussi, je ne doute pas qu'il ne soit accueilli par le public avec la faveur qu'il mérite.

L'approbation qu'il a rencontrée chez tous les hommes compétents sur la matière et qui l'ont examiné, en m'engageant à le produire au grand jour, me garantit qu'il sera apprécié comme il doit l'être.

Mon livre est divisé en trois parties.

La première partie comprend :

1° Un tarif régulateur indiquant le prix auquel le boulanger doit vendre un kilogramme de pain, suivant le prix et le rendement de l'hectolitre de blé, en tenant compte des déchets, de quelque nature qu'ils soient, des frais de mouture et de la rémunération qui est due au boulanger ;

2° Un tarif régulateur indiquant le prix auquel le boulanger doit vendre un kilogramme de pain, suivant le prix et le rendement des farines, en tenant compte, comme dans le précédent tarif, de la rémunération due au boulanger pour l'indemniser de tous ses frais et lui procurer un bénéfice.

La deuxième partie comprend :

Un tableau indiquant les différents prix d'un sac de farine de différents poids, d'après le prix des blés, leur rendement en farine, le prix du son, et en tenant compte des frais de mouture et du déchet.

Enfin, la troisième partie comprend :

1° Un tarif comparatif du prix des blés, d'après les différents poids usités pour la vente de ces derniers, et 2° le même tableau appliqué aux farines.

Chacun de ces tableaux est précédé d'explications

aussi simples que possible, qui permettent de les consulter et d'en saisir rapidement la clef.

En faisant ce travail, j'ai voulu contribuer à faciliter les boulangers et les meuniers. Je serai suffisamment récompensé si le public estime que je ne suis pas resté trop au-dessous de la tâche bien modeste, mais utile, que je me suis imposée.

MICHEL (Henri) fils aîné.

PREMIÈRE PARTIE.

PREMIER TABLEAU.

1° Le premier tableau est un tarif régulateur indiquant le prix auquel le boulanger doit vendre un kilogramme de pain, suivant le prix et le rendement de l'hectolitre de blé, en tenant compte des déchets, des frais de mouture et de la rémunération due au boulanger.

Tarif régulateur pour la taxe du pain.

SI L'HECTOL. au rendement de 75 kil. a coûté :	SI L'HECTOL. au rendement de 80 kil. a coûté :	SI L'HECTOL. au rendement de 85 kil. a coûté :	ON DEVRA VENDRE LE KIL. DE PAIN		
			Luxe.	Froment 1re qualité.	Froment 2e qualité.
12f 60	13f 60	14f 60	» f 30	» f 20	» f 15
13 35	14 40	15 45	» 31	» 21	» 16
14 10	15 20	16 30	» 32	» 22	» 17
14 85	16 »	17 15	» 33	» 23	» 18
15 60	16 80	18 »	» 34	» 24	» 19
16 35	17 60	18 85	» 35	» 25	» 20
17 10	18 40	19 70	» 36	» 26	» 21
17 85	19 20	20 55	» 37	» 27	» 22
18 60	20 »	21 40	» 38	» 28	» 23
19 35	20 80	22 25	» 39	» 29	» 24

Suite du *Tarif régulateur de la taxe du pain.*

SI L'HECTOL. au rendement de 75 kil. a coûté :	SI L'HECTOL. au rendement de 80 kil. a coûté :	SI L'HECTOL. au rendement de 85 kil. a coûté :	ON DEVRA VENDRE LE KIL. DE PAIN		
			Luxe.	Froment 1re qualité.	Froment 2e qualité.
20f 10	21f 60	23f 10	»f 40	»f 30	»f 25
20 85	22 40	23 95	» 41	» 31	» 26
21 60	23 20	24 80	» 42	» 32	» 27
22 35	24 »	25 65	» 43	» 33	» 28
23 10	24 80	26 50	» 44	» 34	» 29
23 85	25 60	27 35	» 45	» 35	» 30
24 60	26 40	28 20	» 46	» 36	» 31
25 35	27 20	29 05	» 47	» 37	» 32
26 10	28 »	29 90	» 48	» 38	» 33
26 85	28 80	30 75	» 49	» 39	» 34
27 60	29 60	31 60	» 50	» 40	» 35
28 35	30 40	32 45	» 51	» 41	» 36
29 10	31 20	33 30	» 52	» 42	» 37
29 85	32 »	34 15	» 53	» 43	» 38
30 60	32 80	35 »	» 54	» 44	» 39
31 35	33 60	35 85	» 55	» 45	» 40
32 10	34 40	36 70	» 56	» 46	» 41
32 85	35 20	37 55	» 57	» 47	» 42
33 60	36 »	38 40	» 58	» 48	» 43
34 35	36 80	39 25	» 59	» 49	» 44
35 10	37 60	40 10	» 60	» 50	» 45
35 85	38 40	40 95	» 61	» 51	» 46
36 60	39 20	41 80	» 62	» 52	» 47
37 35	40 »	42 65	» 63	» 53	» 48
38 10	40 80	43 50	» 64	» 54	» 49
38 85	41 60	44 35	» 65	» 55	» 50

J'ai raisonné tout le temps sur les données suivantes, qui sont universellement admises :

J'ai pris un hectolitre de blé du poids de 80 kilogrammes. L'expérience m'a démontré, d'une façon formelle, qu'un hectolitre de blé de 80 kilogrammes pouvait donner de 75 à 85 kilogrammes de pain cuit.

Le rendement de l'hectolitre de blé converti en pain est plus ou moins considérable, mais ne s'écarte jamais de ces limites extrêmes 75 et 85 kilogrammes.

On comprend que le prix de l'hectolitre de blé qui a un rendement de 75 kilogrammes en pain doit être moins cher que celui de l'hectolitre de blé au rendement de 85 kilogrammes, et, par suite, lorsque l'hectolitre a rendu 85 kilogrammes de pain, le kilogramme de pain doit être vendu moins cher que si l'hectolitre payé le même prix que le précédent n'a rendu que 75 kilogrammes.

J'ai, en conséquence, calculé le prix du kilogramme de pain suivant les différents prix de l'hectolitre de blé, au rendement de 75, 80 et 85 kilogrammes.

J'ai admis qu'il fallait 1 kilogramme 160 grammes de pâte pour 1 kilogramme de pain.

J'ai tenu compte des frais de mouture, qui sont invariablement fixés à 1 fr. par hectolitre de 80 kilogrammes. J'ai, en outre, fait abstraction de 3 kilogrammes de blé par hectolitre pour le criblage et les déchets de toutes sortes qui ne manquent jamais de se produire.

J'ai laissé au boulanger 3 fr. 78 par hectolitre pour frais de manutention. C'est sur cette somme qu'il devra trouver son bénéfice ; elle est plus que suffisante pour le rémunérer de ses peines.

Ceci posé, veut-on savoir combien on devra vendre un kilogramme de pain de luxe si on a acheté l'hectolitre de blé 12 fr. 60, et si cet hectolitre a rendu 75 kilogrammes de pain ?

On cherchera dans la colonne du prix de l'hectolitre, au rendement de 75 kilogrammes, le chiffre 12 fr. 60, et on se reportera au chiffre correspondant, qui se trouvera sur la même ligne horizontale de la 4e colonne intitulée Pain de luxe. On verra le chiffre 0 fr. 30 c., ce qui indique que le kilogramme de pain de luxe devra être vendu par le boulanger 0 fr. 30 c. si l'hectolitre de blé lui a coûté 12 fr. 60 et s'il lui a rendu 75 kilogrammes de pain.

Si on veut savoir combien, dans les mêmes conditions, devra coûter le kilogramme de pain de 1re ou de 2e qualité, on cherchera dans les 5e et 6e colonnes intitulées froment 1re qualité et froment 2e qualité les chiffres correspondant au chiffre 12 fr. 60, qui est le prix de l'hectolitre, et on trouvera, pour le prix du kilogramme de pain de 1re et de 2e qualité 20, et 15 centimes.

Si, au lieu d'avoir été acheté 12 fr. 60, l'hectolitre qui a rendu 75 kilogrammes avait été acheté au cours de 22 fr. 35, par le même procédé, et suivant horizontalement la ligne sur laquelle se trouve à la 1re colonne le chiffre 22 fr. 35, on arrive dans les colonnes intitulées luxe, froment, 1re et 2e qualité, à trouver les chiffres de 43, 33 et 28, qui indiquent le prix auquel devra être fixé le kilogramme de pain de ces trois qualités.

Si, au lieu de rendre 75 kilogrammes de pain, l'hectolitre a rendu 80 ou 85 kilogrammes, au lieu de chercher dans la 1re colonne, on cherchera dans les 2e et 3e colonnes intitulées prix de l'hectolitre au rendement de 80 ou de 85 kilogrammes le prix de l'hectolitre, et on trouvera, par le procédé précédemment indiqué, le prix du kilogramme de pain suivant la qualité du pain.

On le voit, rien n'est plus facile que de savoir instantanément le prix auquel on doit coter le pain lorsque l'on sait le prix que l'on paie l'hectolitre et le rendement de ce dernier.

DEUXIÈME TABLEAU.

Le deuxième tableau est un tarif qui indique le prix auquel le boulanger doit vendre, pour s'y retrouver, 1 kilogramme de pain, suivant le prix et le rendement des farines.

Tarif régulateur pour la taxe du pain (Farines).

SI LA BALLE DE FARINE de 100 kilogr., au rendement de 135 kilogr., a coûté :	SI LA BALLE DE FARINE de 100 kilogr., au rendement de 140 kilogr., a coûté :	SI LA BALLE DE FARINE de 100 kilogr., au rendement de 145 kilogr., a coûté :	ON devra vendre le KIL. DE PAIN, froment 1re qualité :
20f 70	21f 70	22f 70	» f 20
22 05	23 10	24 15	» 21
23 40	24 50	25 60	» 22
24 75	25 90	27 05	» 23
26 10	27 30	28 50	» 24
27 45	28 70	29 95	» 25
28 80	30 10	31 40	» 26
30 15	31 50	32 85	» 27
31 50	32 90	34 30	» 28
32 85	34 30	35 75	» 29
34 20	35 70	37 20	» 30
35 55	37 10	38 65	» 31
36 90	38 50	40 10	» 32
38 25	39 90	41 55	» 33
39 60	41 30	43 »	» 34

Suite du *Tarif régulateur pour la taxe du pain* (Farines).

SI LA BALLE DE FARINE de 100 kilogr., au rendement de 135 kilogr., a coûté :	SI LA BALLE DE FARINE de 100 kilogr., au rendement de 140 kilogr., a coûté :	SI LA BALLE DE FARINE de 100 kilogr., au rendement de 145 kilogr., a coûté :	ON devra vendre le KIL. DE PAIN, froment 1re qualité :
40f 95	42f 70	44f 45	» f 35
42 30	44 10	45 90	» 36
43 65	45 50	47 35	» 37
45 »	46 90	48 80	» 38
46 35	48 30	50 25	» 39
47 70	49 70	51 70	» 40
49 05	51 10	53 15	» 41
50 40	52 50	54 60	» 42
51 75	53 90	56 05	» 43
53 10	55 30	57 50	» 44
54 45	56 70	58 95	» 45
55 80	58 10	60 40	» 46
57 15	59 50	61 85	» 47
58 50	60 90	63 30	» 48
59 85	62 30	64 75	» 49
61 20	63 70	66 20	» 50
62 55	65 10	67 65	» 51
63 90	66 50	69 10	» 52
65 25	67 90	70 55	» 53
66 60	69 30	72 »	» 54
67 95	70 70	73 45	» 55

Voici les données sur lesquelles j'ai établi ce tarif. Je me suis rendu compte de ce fait :

Une balle de farine pesant 100 kilogrammes net a, de pain cuit, un rendement moyen variant entre 135 et 145 kilogrammes. Je mets 1 kilogramme 160 grammes de pâte pour 1 kilogramme de pain. Enfin, je laisse au boulanger, par balle de farine, 6 fr. 30 représentant les frais de manutention et le bénéfice qu'il doit retirer de son travail.

Ceci établi, supposons qu'on ait acheté 20 fr. 70 une balle de farine pesant 100 kilogrammes, et supposons que cette balle ait rendu en pain 135 kilogrammes.

Veut-on savoir combien on devra vendre le kilogramme de pain ?

Pour cela, il faudra chercher dans la 1re colonne le prix de la farine, soit 20 fr. 70, puis chercher dans la dernière colonne, celle du prix du kilogramme, le chiffre correspondant au premier, soit 20 centimes, ce qui indique que le boulanger doit vendre le pain 20 centimes le kilogramme.

Si, au lieu de 20 fr. 70, les 100 kilogrammes eussent coûté 34 fr. 20, par le même procédé, on doit chercher dans la 1re colonne le nombre 34 fr. 20, puis dans la 4e colonne le chiffre correspondant, soit 30 centimes. Ce dernier chiffre est le prix du kilogramme de pain.

Si, au lieu d'avoir un rendement en pain de 135 kilogrammes, la balle de farine eût produit 140 ou 145 kilogrammes, il aurait fallu chercher le prix qu'elle aurait coûté dans les 2e ou 3e colonnes intitulées : Si la balle de farine de 100 kilogrammes, au rendement de 140 ou 145 kilogrammes, a coûté, suivant le cas, et chercher toujours, dans la dernière colonne, le chiffre correspondant. Ainsi, par exemple, nous avons vu que si la balle a coûté 34 fr. 20, a rendu 135 kilogrammes, le prix du kilogramme de pain devra être 30 centimes.

Si, pour le même prix, elle a rendu 140 kilogrammes, le prix du pain devra être moins élevé.

On cherchera dans la 2e colonne de 140 kilogrammes le prix qui se rapprochera le plus de 34 fr. 20, soit 34 fr. 30, et, dans la dernière colonne, le chiffre correspondant 29 centimes indiquera le prix du pain.

Que si, au contraire, cette même balle a rendu 145 kilogrammes, on trouvera de la même manière que le prix du pain devra être taxé à 28 centimes le kilogramme.

Il est à observer que je ne me suis point occupé des minots pour le pain de luxe, qui ont un rendement bien moindre. Je ne me suis basé que sur le pain froment 1re qualité.

DEUXIÈME PARTIE.

La deuxième partie comprend un tableau indiquant les différents prix d'une balle de farine de différents poids, d'après le prix des blés, leur rendement, le prix du son, en tenant compte des frais de mouture et de déchet.

TABLEAU *du prix de revient des farines d'après le prix de l'hectolitre de blé de 80 kilogrammes et de 100 kilogrammes, leur rendement et le prix du son. Les bases invariables de ce tableau sont 1 fr. 50 par 100 kilogrammes de blé pour frais de mouture et 3 p. 0/0 de déchet.*

SI LE BLÉ A COUTÉ l'hectolitre de :		Le rendement pour cent en farine étant de ..	LES SONS VALANT 10 FR. les 100 kilogr., les farines reviendront à :		LES SONS VALANT 14 FR. les 100 kilogr., les farines reviendront à :		LES SONS VALANT 18 FR. les 100 kilogr., les farines reviendront à :	
80 kilog.	100 kilog		les 100 kilog.	les 157 kilogr.	les 100 kilog.	les 157 kilogr.	les 100 kilog.	les 157 kilogr.
		72k	22f 22	34f 88	20f 83	32f 70	19f 44	30f 52
		74	21 89	34 37	20 64	32 41	19 39	30 45
13f 60	17f	76	21 57	33 87	20 47	32 14	19 37	30 41
		78	21 28	33 41	20 30	31 88	19 32	30 35
		80	21 »	32 96	20 15	31 63	19 30	30 30

Suite du TABLEAU *du prix de revient des farines d'après le prix des blés, leur rendement et le prix du son, déduction faite des déchets et frais de mouture.*

SI LE BLÉ A COUTÉ l'hectolitre de : 80 kilog.	100 kilog.	Le rendement pour cent en farine étant de :	LES SONS VALANT 10 FR. les 100 kilogr., les farines reviendront à : les 100 kilog.	les 157 kilogr.	LES SONS VALANT 14 FR. les 100 kilogr., les farines reviendront à : les 100 kilog.	les 157 kilogr.	LES SONS VALANT 18 FR. les 100 kilogr., les farines reviendront à : les 100 kilog.	les 157 kilogr.
		72k	23f 61	37f 06	22f 22	34f 88	20f 83	32f 70
		74	23 24	36 49	21 99	34 55	20 74	32 57
14f 40	18f	76	22 89	35 94	21 78	34 20	20 67	32 46
		78	22 56	35 42	21 58	33 89	20 60	32 36
		80	22 25	34 93	21 40	33 59	20 55	32 25
		72	25 »	39 25	23 61	37 06	22 22	34 87
		74	24 59	38 61	23 34	36 66	22 09	34 71
15 20	19	76	24 21	38 01	23 10	36 27	21 99	34 53
		78	23 84	37 43	22 87	35 90	21 90	34 37
		80	23 50	36 89	22 65	35 55	21 80	34 21
		72	26 38	41 43	25 »	39 25	23 62	37 07
		74	25 94	40 73	24 70	38 78	23 46	36 83
16 »	20	76	25 52	40 07	24 41	38 34	23 30	36 61
		78	25 12	39 43	24 15	37 92	23 18	36 39
		80	24 75	38 85	23 90	37 52	23 05	36 19
		72	27 77	43 61	26 38	41 43	24 99	39 25
		74	27 29	42 85	26 05	40 90	24 81	38 95
16 80	21	76	26 84	42 14	25 73	40 40	24 64	38 66
		78	26 41	41 46	25 43	39 93	24 45	38 40
		80	26 »	40 81	25 15	39 48	24 30	38 15

Suite du TABLEAU *du prix de revient des farines d'après le prix des blés, leur rendement et le prix du son, déduction faite des déchets et frais de mouture.*

SI LE BLÉ A COUTÉ l'hectolitre de :		Le rendement pour cent en farine étant de :	LES SONS VALANT 10 FR. les 100 kilogr., les farines reviendront à :		LES SONS VALANT 10 FR. les 100 kilogr., les farines reviendront à :		LES SONS VALANT 10 FR. les 100 kilogr., les farines reviendront à :	
80 kilog.	100 kilog		les 100 kilog.	les 157 kilogr.	les 100 kilog.	les 157 kilogr	les 100 kilog.	les 157 kilogr.
		72k	29f 16	45f 79	27f 77	43f 61	26f 38	41f 43
		74	28 64	44 97	27 40	43 02	26 16	41 07
17f 60	22f	76	28 15	44 20	27 05	42 47	25 95	40 64
		78	27 69	43 47	26 71	41 94	25 73	40 41
		80	27 25	42 77	26 40	41 44	25 55	40 11
		72	30 55	47 97	29 16	45 79	27 77	43 61
		74	29 99	47 09	28 75	45 14	27 51	43 19
18 40	23	76	29 47	46 27	28 36	44 53	27 25	42 79
		78	28 97	45 48	28 »	43 95	27 03	42 42
		80	28 50	44 74	27 65	43 40	26 80	42 06
		72	31 94	50 15	30 55	47 97	29 16	45 79
		74	31 34	49 22	30 10	47 26	28 86	45 30
19 20	24	76	30 78	48 33	29 68	46 60	28 58	44 87
		78	30 25	47 50	29 28	45 97	28 31	44 34
		80	29 75	46 70	28 90	45 36	28 05	44 02
		72	33 33	52 33	31 94	50 15	30 55	47 97
		74	32 69	51 34	31 45	49 39	30 21	47 44
20 »	25	76	32 10	50 40	31 »	48 66	30 90	46 92
		78	31 53	49 51	30 56	47 98	29 59	46 45
		80	31 »	48 66	30 15	47 33	29 30	46 »

Suite du TABLEAU *du prix de revient des farines d'après le prix des blés, leur rendement et le prix du son, déduction faite des déchets et frais de mouture.*

SI LE BLÉ A COUTÉ l'hectolitre de :		Le rendement pour cent en farine étant de :	LES SONS VALANT 10 FR. les 100 kilogr., les farines reviendront à :		LES SONS VALANT 14 FR. les 100 kilogr., les farines reviendront à :		LES SONS VALANT 18 FR. les 100 kilogr., les farines reviendront à :	
80 kilog.	100 kilog		les 100 kilog.	les 157 kilogr.	les 100 kilog.	les 157 kilogr.	les 100 kilog.	les 157 kilogr.
		72k	34f 72	54f 51	33f 33	52f 33	31f 94	50f 15
		74	34 05	53 46	32 80	51 51	31 55	49 56
20f 80	26f	76	33 42	52 47	32 31	50 73	31 20	48 99
		78	32 82	51 52	31 84	50 »	30 86	48 48
		80	32 25	50 62	31 40	49 29	30 55	47 96
		72	36 11	56 70	34 72	54 51	33 33	52 32
		74	35 40	55 58	34 15	53 63	32 90	51 68
21 60	27	76	34 73	54 53	33 62	52 80	32 50	51 07
		78	34 10	53 54	33 12	52 01	32 14	50 48
		80	33 50	52 58	32 65	51 25	31 80	49 92
		72	37 50	58 87	36 11	56 70	34 72	54 53
		74	36 75	57 70	35 50	55 75	34 25	53 80
22 40	28	76	36 05	56 60	34 94	54 86	33 83	53 12
		78	35 38	55 55	34 40	54 02	33 42	52 49
		80	34 79	54 55	33 90	53 21	33 05	51 87
		72	38 88	61 05	37 50	58 87	36 12	56 69
		74	38 10	59 82	36 85	57 87	35 60	55 92
23 20	29	76	37 36	58 66	36 26	56 93	35 16	55 20
		78	36 66	57 56	35 69	56 03	34 72	54 50
		80	36 »	56 51	35 15	55 17	34 30	53 83

Suite du Tableau *du prix de revient des farines d'après le prix des blés, leur rendement et le prix du son, déduction faite des déchets et frais de mouture.*

SI LE BLÉ A COUTÉ l'hectolitre de : 80 kilog.	100 kilog	Le rendement pour cent en farine étant de :	LES SONS VALANT 10 FR. les 100 kilogr., les farines reviendront à : les 100 kilog.	les 157 kilogr.	LES SONS VALANT 14 FR. les 100 kilogr., les farines reviendront à : les 100 kilog.	les 157 kilogr.	LES SONS VALANT 18 FR. les 100 kilogr., les farines reviendront à : les 100 kilog.	les 157 kilogr.
		72k	40f 27	63f 25	58f 88	61f 05	57f 49	58f 87
		74	39 45	61 95	58 21	59 99	56 97	58 05
24f »	30f	76	38 68	60 75	57 57	58 99	56 46	57 25
		78	37 94	59 57	56 97	58 04	56 »	56 51
		80	37 25	58 47	56 40	57 14	55 55	55 81
		72	41 66	65 41	40 27	63 25	58 88	61 05
		74	40 80	64 07	39 56	62 12	58 32	60 17
24 80	31	76	39 99	62 79	38 89	61 06	57 79	59 33
		78	39 25	61 59	38 25	60 06	57 27	58 53
		80	38 50	60 45	37 65	59 10	56 80	57 77
		72	43 05	67 59	41 66	65 41	40 27	63 25
		74	42 15	66 19	40 91	64 24	39 77	62 29
25 60	32	76	41 31	64 86	40 20	63 52	39 09	61 78
		78	40 51	63 60	39 53	62 07	38 55	60 54
		80	39 75	62 39	38 90	61 06	38 05	59 79
		72	44 44	69 77	43 05	67 59	41 66	65 41
		74	43 50	68 31	42 26	66 36	41 02	64 41
26 40	33	76	42 63	66 93	41 52	65 19	40 41	63 45
		78	41 79	65 61	40 81	64 08	39 83	62 55
		80	41 »	64 36	40 15	63 02	39 30	61 68

Suite du Tableau *du prix de revient des farines d'après le prix des blés, leur rendement et le prix du son, déduction faite des déchets et frais de mouture.*

SI LE BLÉ A COUTÉ l'hectolitre de :		Le rendement pour cent en farine étant de :	LES SONS VALANT 10 FR. les 100 kilogr., les farines reviendront à :		LES SONS VALANT 14 FR. les 100 kilogr., les farines reviendront à :		LES SONS VALANT 18 FR. les 100 kilogr., les farines reviendront à :	
80 kilog.	100 kilog		les 100 kilog.	les 157 kilogr.	les 100 kilog.	les 157 kilogr.	les 100 kilog.	les 157 kilogr.
		72k	45f 83	71f 95	44f 44	69f 77	43f 05	67f 59
		74	44 85	70 43	43 61	68 48	42 37	66 53
27f 20	34f	76	43 94	68 99	42 83	67 26	41 72	65 53
		78	43 07	67 63	42 10	66 10	41 13	64 57
		80	42 25	66 32	41 40	64 98	40 55	63 64
		72	47 22	74 13	45 83	71 95	44 44	69 77
		74	46 20	72 55	44 96	70 60	43 72	68 65
28 »	35	76	45 26	71 06	44 15	69 32	43 04	67 58
		78	44 35	69 64	43 38	68 11	42 41	66 58
		80	43 50	68 28	42 65	66 95	41 80	65 62
		72	48 61	76 31	47 22	74 13	45 83	71 95
		74	47 56	74 68	46 31	72 72	45 06	70 76
28 80	36	76	46 57	73 12	45 47	71 39	44 37	69 66
		78	45 64	71 65	44 66	70 12	43 68	68 59
		80	44 75	70 25	43 90	68 92	43 05	67 59
		72	50 »	78 50	48 61	76 31	47 22	74 12
		74	48 91	76 80	47 66	74 85	46 41	72 90
29 60	37	76	47 89	75 19	46 78	73 45	45 67	71 71
		78	46 92	73 66	45 94	72 13	44 96	70 60
		80	46 »	72 21	45 15	70 87	44 30	69 53

Suite du TABLEAU *du prix de revient des farines d'après le prix des blés, leur rendement et le prix du son, déduction faite des déchets et frais de mouture.*

SI LE BLÉ A COUTÉ l'hectolitre de :		Le rendement pour cent en farine étant de :	LES SONS VALANT 10 FR. les 100 kilogr., les farines reviendront à :		LES SONS VALANT 14 FR. les 100 kilogr., les farines reviendront à :		LES SONS VALANT 18 FR. les 100 kilogr., les farines reviendront à :	
80 kilog.	100 kilog		les 100 kilog.	les 157 kilogr.	les 100 kilog.	les 157 kilogr.	les 100 kilog.	les 157 kilogr.
		72k	51f 38	80f 68	50f »	78f 50	48f 62	76f 32
		74	50 26	78 92	49 01	76 97	47 76	75 02
30f 40	38f	76	49 20	77 25	48 10	75 52	47 »	73 79
		78	48 20	75 68	47 22	74 15	46 24	72 42
		80	47 25	74 18	46 40	72 83	45 55	71 48
		72	52 77	82 86	51 38	80 68	49 99	78 50
		74	51 61	81 04	50 36	79 09	49 11	77 14
31 20	39	76	50 52	79 32	49 41	77 58	48 30	75 84
		78	49 48	77 69	48 51	76 16	47 54	74 63
		80	48 50	76 14	47 65	74 79	46 76	73 44
		72	54 16	85 04	52 77	82 86	51 38	80 68
		74	52 96	83 16	51 72	81 21	50 48	79 26
32 »	40	76	51 84	81 38	50 73	79 65	49 62	77 92
		78	50 76	79 70	49 79	78 17	48 82	76 64
		80	49 75	78 10	48 90	76 76	48 05	75 42
		72	55 55	87 22	54 16	85 04	52 77	82 86
		74	54 31	85 28	53 07	83 33	51 83	81 38
32 80	41	76	53 15	83 45	52 04	81 72	50 93	79 99
		78	52 05	81 72	51 07	80 19	50 09	78 66
		80	51 »	80 07	50 15	78 72	49 30	77 37

Suite du Tableau *du prix de revient des farines d'après le prix des blés, leur rendement et le prix du son, déduction faite des déchets et frais de mouture.*

SI LE BLÉ A COUTÉ l'hectolitre de :		Le rendement pour cent en farine étant de :	LES SONS VALANT 10 FR. les 100 kilogr., les farines reviendront à :		LES SONS VALANT 14 FR. les 100 kilogr., les farines reviendront à :		LES SONS VALANT 18 FR. les 100 kilogr., les farines reviendront à :	
80 kilog.	100 kilog		les 100 kilog.	les 157 kilogr.	les 100 kilog.	les 157 kilogr.	les 100 kilog.	les 157 kilogr.
		72k	56f 94	89f 40	55f 55	87f 22	54f 16	85f 04
		74	55 66	87 41	54 42	85 45	53 18	83 49
33f 60	42f	76	54 47	85 52	53 36	83 78	52 25	82 04
		78	53 33	83 73	52 35	82 20	51 37	80 67
		80	52 25	82 02	51 40	80 68	50 55	79 34
		72	58 33	91 58	56 94	89 40	55 55	87 22
		74	57 01	89 53	55 77	87 57	54 53	85 61
34 40	43	76	55 78	87 58	54 67	85 85	53 56	84 12
		78	54 61	85 74	53 63	84 21	52 65	82 68
		80	53 50	83 99	52 65	82 64	51 80	81 29
		72	59 72	93 76	58 33	91 58	56 94	89 40
		74	58 36	91 65	57 12	89 70	55 88	87 75
35 20	44	76	57 10	89 65	55 99	87 91	54 88	86 17
		78	55 89	87 75	54 92	86 22	53 93	84 69
		80	54 75	85 95	53 90	84 60	53 05	83 25
		72	61 11	95 94	59 72	93 76	58 33	91 58
		74	59 71	93 77	58 47	91 82	57 23	89 87
36 »	45	76	58 41	91 71	57 31	89 98	56 21	88 25
		78	57 17	89 77	56 20	88 24	55 23	86 71
		80	56 »	87 91	55 15	86 57	54 30	85 23

Suite du Tableau *du prix de revient des farines d'après le prix des blés, leur rendement et le prix du son, déduction faite des déchets et frais de mouture.*

Si le blé a couté l'hectolitre de : 80 kilog.	100 kilog	Le rendement pour cent en farine étant de :	Les sons valant 10 fr. les 100 kilogr., les farines reviendront à : les 100 kilog.	les 157 kilogr.	Les sons valant 14 fr. les 100 kilogr., les farines reviendront à : les 100 kilog.	les 157 kilogr.	Les sons valant 18 fr. les 100 kilogr., les farines reviendront à : les 100 kilog.	les 157 kilogr.
		72k	62f 50	98f 12	61f 11	95f 94	59f 72	93f 76
		74	61 07	95 89	59 82	93 94	58 57	91 99
36f 80	46f	76	59 73	93 78	58 62	92 04	57 51	90 30
		78	58 46	91 78	57 48	90 25	56 50	88 72
		80	57 25	89 88	56 40	88 53	55 55	87 18
		72	63 88	100 30	62 50	98 12	61 12	95 94
		74	62 42	98 01	61 17	96 06	59 92	94 11
37 60	47	76	61 05	95 84	59 94	94 11	58 83	92 58
		78	59 74	93 79	58 76	92 26	57 78	90 73
		80	58 50	91 84	57 65	90 49	56 80	89 14
		72	65 27	102 48	63 88	100 30	62 49	98 12
		74	63 77	100 13	62 52	98 18	61 27	96 23
38 40	48	76	62 36	97 91	61 25	96 18	60 14	94 45
		78	61 02	95 80	60 04	94 27	59 06	92 74
		80	59 73	93 81	58 90	92 45	58 05	91 09
		72	66 66	104 66	65 27	102 48	63 88	100 30
		74	65 12	102 26	63 87	100 30	63 62	98 34
39 20	49	76	63 68	99 98	62 57	98 24	61 46	96 50
		78	62 30	97 82	61 35	96 29	60 36	94 76
		80	61 »	95 77	60 15	94 41	59 30	93 05

Suite du TABLEAU *du prix de revient des farines d'après le prix des blés, leur rendement et le prix du son, déduction faite des déchets et frais de mouture.*

SI LE BLÉ A COUTÉ l'hectolitre de :		Le rendement pour cent en farine étant de :	LES SONS VALANT 10 FR. les 100 kilogr., les farines reviendront à :		LES SONS VALANT 14 FR. les 100 kilogr., les farines reviendront à :		LES SONS VALANT 18 FR. les 100 kilogr., les farines reviendront à :	
80 kilog.	100 kilog.		les 100 kilog.	les 157 kilogr.	les 100 kilog.	les 157 kilogr.	les 100 kilog.	les 157 kilogr.
40f »	50f	72k	68f 05	106f 84	66f 66	104f 66	65f 27	102f 48
		74	66 47	104 38	65 23	102 43	63 99	100 48
		76	65 »	102 04	63 88	100 31	62 76	98 58
		78	63 58	99 85	62 61	98 30	61 64	96 77
		80	62 25	97 73	61 40	96 38	60 55	95 03
40 80	51	72	69 44	109 02	68 05	106 84	66 66	104 66
		74	67 82	106 50	66 58	104 55	65 34	102 60
		76	66 31	104 11	65 20	102 57	64 09	100 65
		78	64 87	101 84	63 89	100 31	62 91	98 78
		80	63 50	99 69	62 65	98 34	61 80	96 99
41 60	52	72	70 83	111 20	69 44	109 02	68 05	106 84
		74	69 17	108 62	67 93	106 67	66 69	104 72
		76	67 62	106 17	66 52	104 44	65 42	102 71
		78	66 15	103 86	65 17	102 33	64 19	100 80
		80	64 75	101 65	63 90	100 30	63 05	98 95

J'ai raisonné tout le temps sur les données suivantes, qui sont universellement admises.

Pour les 100 kilogrammes de blé, j'ai compté que

les frais de mouture s'élèvent à 1 fr. 50, et, pour cette même quantité de blé, le déchet atteint les proportions de 3 pour cent.

Pour ce qui est du prix du son, j'ai calculé sur des chiffres moyens, je l'ai fixé à 10, 14 et 18 fr. les 100 kilogrammes.

L'expérience m'a démontré de la façon la plus évidente que 100 kilogrammes de blé rendaient de 72 à 80 kilogrammes de farine, le reste est du son et des basses matières ; il y a environ 3 0/0 de déchet, ainsi que je l'ai déjà dit.

Le tableau permet de déterminer, à première lecture, le prix de revient des 100 ou des 157 kilogrammes de farine, d'après le prix du blé, le prix du son, et d'après le rendement du blé en farine.

Tous ces éléments doivent, en effet, entrer en ligne de compte lorsque l'on veut connaître le prix de revient des farines.

Il est évident que si le blé n'a coûté que 15 fr. au lieu de 18 fr. les 80 kilogrammes, la farine reviendra moins cher dans le premier que dans le second cas. De même si du blé différent ne coûtant que 15 fr. a rendu 80 au lieu de 72 p. 0/0. De même encore, si toutes choses étant exactes d'ailleurs, les sons se vendent 18 fr. au lieu de se vendre 10 fr., il est manifeste que toutes ces variations dans le prix des blés et des sons et dans le rendement de farine influent considérablement sur leur prix de revient.

Il est donc indispensable d'en tenir compte, et c'est ce que j'ai fait. Maintenant, prenons un exemple pour voir à quoi sert ce tableau et comment on peut s'en servir.

Supposons que le blé vaille 20 fr. les 80 kilogrammes : le rendement est de 72 p. 0/0, le déchet 3 p. 0/0, les frais de mouture s'élèvent à 1 fr. 50 par 100 kilogrammes. Si les sons valent 10 fr. les 100 kilogrammes, les 100 kilogrammes de farine reviendront à 33 fr. 33. Si les sons valent 18 fr., les farines reviendront meilleur marché, soit 30 fr. 55.

Supposons, au contraire, le blé acheté au même prix, 20 fr. les 80 kilogrammes, mais donnant un rendement de 80 kilogrammes pour cent : alors les farines reviendront à un prix moins élevé, qui sera 31 fr. si les sons valent 10 fr., et 29 fr. 30 s'ils en valent 18.

Suivant que l'on aura acheté un hectolitre de 80 kilogrammes ou de 100 kilogrammes, on cherchera le chiffre se rapprochant le prix du blé dans la colonne indiquant le prix de l'hectolitre des 80 kilogrammes et celui des 100 kilogrammes. Puis on regardera dans la colonne suivante le chiffre exprimant le rendement; et prolongeant horizontalement la ligne sur laquelle se trouve le chiffre du rendement, on arrive au chiffre de revient des 100 ou des 157 kilogrammes de farine, suivant que le son vaut 10, 14 ou 18 fr. les 100 kilogrammes.

On a acheté, par exemple, 100 kilogrammes de blé moyennant 25 fr. ; ce blé a eu un rendement de 76 p. 0/0, les sons se vendent 14 fr. Veut-on savoir à combien reviendront les 157 kilogrammes de farine, en tenant compte des déchets et des frais de mouture ? On cherchera dans la 2e colonne le chiffre 25, puis, dans la 3e colonne, le chiffre 76 représentant le rendement. On suivra la ligne sur laquelle se trouve ce chiffre jusque dans la 7e colonne, et on trouvera le nombre 48 fr. 66, qui représente le prix de revient que l'on cherche.

Si, au lieu de valoir 14 fr., les sons valaient 18 fr., et si, au lieu de vouloir connaître le prix de revient des 157 kilogrammes, on voulait savoir celui des 100 kilogrammes, il faudrait, suivant le même procédé, aller chercher dans la 8e colonne le chiffre 30 fr. 90, qui correspond au chiffre 76, lequel exprime le rendement du blé ayant coûté 25 fr. les 100 kilog., et le nombre 30 fr. 90 serait le prix demandé.

Quand les données ne concordent pas exactement, on prend les données qui approchent le plus de celles portées au tableau.

Si, par événement, le déchet était de plus de 3 pour cent, les farines devraient être vendues un peu plus cher ; de même si le prix du son venait à baisser au-dessous de 10 fr., et réciproquement.

Mais ces différences, toujours très-minimes, influent très-peu sur le résultat final.

TROISIÈME PARTIE.

Dans la troisième partie se trouvent deux tableaux.

PREMIER TABLEAU.

Le 1er est un tableau comparatif du prix des blés d'après les différents poids usités pour la vente de cette denrée.

TABLEAU *comparatif du prix des blés d'après les différents poids usités.*

PRIX DE L'HECTOLITRE de 80 kilogrammes.	PRIX DES 50 KILOGRAMMES.	PRIX DES 100 KILOGRAMMES
13f »	8f 12 1/2	16f 25
13 25	8 28 1/8	16 56 1/4
13 50	8 43 3/4	16 87 1/2
13 75	8 59 1/4 1/2	17 18 3/4
14 »	8 75	17 50
» 25	8 90 5/8	17 81 1/4
» 50	9 06 1/4	18 12 1/2
» 75	9 21 1/4 1/2	18 43 3/4
15 »	9 37 1/2	18 75
» 25	9 53 1/8	19 06 1/4
» 50	9 68 3/4	19 37 1/2
» 75	9 84 1/4 1/2	19 68 3/4

Suite du TABLEAU *comparatif du prix des blés d'après les différents poids usités.*

PRIX DE L'HECTOLITRE de 80 kilogrammes.	PRIX DES 50 KILOGRAMMES.	PRIX DES 100 KILOGRAMMES
16f »	10f »	20f »
» 25	10 15 1/2 1/4	20 31 1/4
» 50	10 31 1/4	20 62 1/2
» 75	10 46 3/4 1/2	20 93 3/4
17 »	10 62 1/2	21 25
» 25	10 78 1/8	21 56 1/4
» 50	10 93 3/4	21 87 1/2
» 75	11 09 1/4 1/2	22 18 3/4
18 »	11 25	22 50
» 25	11 40 1/2 1/4	22 81 3/4
» 50	11 56 1/4	23 12 1/2
» 75	11 71 3/4 1/2	23 43 3/4
19 »	11 87 1/2	23 75
» 25	12 03 1/8	24 06 1/4
» 50	12 18 3/4	24 37 1/2
» 75	12 34 1/4 1/2	24 68 3/4
20 »	12 50	25 »
» 25	12 65 1/2 1/4	25 31 1/4
» 50	12 81 1/4	25 62 1/2
» 75	12 96 3/4 1/2	25 93 3/4
21 »	13 12 1/2	26 25
» 25	13 28 1/8	26 56 1/4
» 50	13 43 3/4	26 87 1/2
» 75	13 59 1/4 1/2	27 18 3/4

Suite du TABLEAU *comparatif du prix des blés d'après les différents poids usités.*

PRIX DE L'HECTOLITRE de 80 kilogrammes.	PRIX DES 50 KILOGRAMMES.	PRIX DES 100 KILOGRAMMES
22f »	13f 75	27 f50
» 25	13 90 1/4 1/2	27 81 1/4
» 50	14 06 1/4	28 12 1/2
» 75	14 21 3/4 1/2	28 43 3/4
23 »	14 37 1/2	28 75
» 25	14 53 1/8	29 06 1/4
» 50	14 68 3/4	29 37 1/2
» 75	14 84 1/4 1/2	29 68 3/4
24 »	15 »	30 »
» 25	15 15 1/2 1/4	30 31 1/4
» 50	15 31 1/4	30 62 1/2
» 75	15 46 3/4	30 93 1/2
25 »	15 62 1/2	31 25
» 25	15 78 1/8	31 56 1/4
» 50	15 94	31 88
» 75	16 » 1/6 1/2	32 » 1/8 1/2
26 »	16 25	32 50
» 25	16 41	32 82
» 50	16 56 1/2	33 12 1/2
» 75	16 72	33 44
27 »	16 87 1/2	33 75
» 25	17 03 1/8	34 06 1/4
» 50	17 18 1/2	34 37
» 75	17 34 1/4 1/2	34 68 3/4

Suite du TABLEAU *comparatif du prix des blés d'après les différents poids usités.*

PRIX DE L'HECTOLITRE de 80 kilogrammes.	PRIX DES 50 KILOGRAMMES.	PRIX DES 100 KILOGRAMMES
28f »	17f 50	35f »
» 25	17 66	35 32
» 50	17 81 1/4	35 62 1/2
» 75	17 97	35 94
29 »	18 12 1/2	36 25
» 25	18 28 1/8	36 56 1/4
» 50	18 44	36 88
» 75	18 59 1/2	37 18 3/4
30 »	18 75	37 50
» 25	18 91	37 82
» 50	19 06 1/4	38 12 1/2
» 75	19 22	38 44
31 »	19 37 1/2	38 75
» 25	19 53 1/2	39 07
» 50	19 68 1/4 1/2	39 37 1/2
» 75	19 84 1/2	39 69
32 »	20 »	40 »
» 25	20 12 1/4	40 24 1/2
» 50	20 31 1/4	40 62 1/2
» 75	20 47	40 94
33 »	20 62 1/2	41 25
» 25	20 78	41 57
» 50	20 94	41 88
» 75	21 06 1/2	42 13

Suite du TABLEAU *comparatif du prix des blés d'après les différents poids usités.*

PRIX DE L'HECTOLITRE de 80 kilogrammes.	PRIX DES 50 KILOGRAMMES.	PRIX DES 100 KILOGRAMMES
34f »	21f 25	42f 50
» 25	21 41	42 82
» 50	21 56 1/2	43 13
» 75	21 72	43 44
35 »	21 87 1/2	43 75
» 25	22 03 1/4	44 06 1/2
» 50	22 19	44 38
» 75	22 34 1/2	44 69
36 »	22 50	45 »
» 25	22 65 3/4	45 31 1/2
» 50	22 81 1/2	45 63
» 75	22 97	45 94
37 »	23 12 1/2	46 25
» 25	23 28 1/2	46 57
» 50	23 44	46 88
» 75	23 59 1/2	47 18 3/4
38 »	23 75	47 50
» 25	23 91	47 82
» 50	24 06 1/4	48 12 1/2
» 75	24 22	48 44
39 »	24 37 1/2	48 75
» 25	24 53	49 06
» 50	24 69	49 38
» 75	24 84 1/2	49 69

Suite du TABLEAU *comparatif du prix des blés d'après les différents poids usités.*

PRIX DE L'HECTOLITRE de 80 kilogrammes.	PRIX DES 50 KILOGRAMMES.	PRIX DES 100 KILOGRAMMES
40f »	25f »	50f »
» 25	25 16	50 32
» 50	25 31 1/4	50 62 1/2
» 75	25 47 1/2	50 95
41 »	25 62 1/2	51 25
» 25	25 78 1/8	51 56 1/4
» 50	25 94	51 88
» 75	26 09 3/4	52 19 1/2

Voici l'utilité de ce tableau :

Quand on achète du blé, on l'achète, tantôt par sac de 80 kilogrammes, tantôt par sac de 50 et de 100 kilogrammes.

Lorsque l'on a payé du blé une somme déterminée par 80 kilogrammes, et que l'on veut en acheter d'autre par 50 ou 100 kilogrammes, on ne voit pas, au premier abord, si le prix qui est demandé pour les 50 ou les 100 kilogrammes est supérieur à celui que l'on a payé pour les 80 kilogrammes. Pour se rendre compte de la différence, il faut se livrer des calculs que le tableau ci-dessus a pour objet 'éviter.

Supposons que l'on ait acheté du blé à 15 fr. les 0 kilogrammes : veut-on savoir à combien reviendrait ce même blé si on l'achetait par 50 ou 100 kilogrammes ? Pour cela, on n'a qu'à prendre dans la re colonne du tableau le chiffre 15, et de chercher ans l'une ou l'autre des deux autres colonnes, suivant le cas, le chiffre correspondant, et on trouvera lors que les 50 kilogrammes doivent être payés fr. 37 1/2, et les 100 kilogrammes 18 fr. 75.

DEUXIÈME TABLEAU.

Le deuxième tableau a pour objet de rendre les mêmes services ; il nous indique ce que coûteront les 50 et les 157 kilogrammes de farine, lorsque les 100 kilogrammes ont été payés une somme quelconque.

TABLEAU *comparatif du prix des farines d'après les différents poids usités pour la vente de cette denrée.*

SI LES 100 KILOGRAMMES coûtent :	LES 50 KILOGRAMMES vaudront :	LES 157 KILOGRAMMES vaudront :
20f »	10f »	31f 40
» 25	10 12 1/2	31 79
» 50	10 25	32 19
» 75	10 37 1/2	32 58
21 »	10 50	32 97
» 25	10 62 1/2	33 36
» 50	10 75	33 76
» 75	10 87 1/2	34 15
22 »	11 »	34 54
» 25	11 12 1/2	34 93
» 50	11 25	35 33
» 75	11 37 1/2	35 72
23 »	11 50	36 11
» 25	11 62 1/2	36 50
» 50	11 75	36 90
» 75	11 87 1/2	37 29

uite du Tableau *comparatif du prix des farines d'après les différents poids usités pour la vente de cette denrée.*

SI LES 100 KILOGRAMMES coûtent :	LES 50 KILOGRAMMES vaudront :	LES 157 KILOGRAMMES vaudront :
24f »	12f »	37f 68
» 25	12 12 1/2	38 07
» 50	12 25	38 47
» 75	12 37 1/2	38 86
25 »	12 50	39 25
» 25	12 62 1/2	39 64
» 50	12 75	40 04
» 75	12 87 1/2	40 43
26 »	13 »	40 82
» 25	13 12 1/2	41 25
» 50	13 25	41 61
» 75	13 37 1/2	42 »
27 »	13 50	42 39
» 25	13 62 1/2	42 79
» 50	13 75	43 18
» 75	13 87 1/2	43 57
28 »	14 »	43 96
» 25	14 12 1/2	44 35
» 50	14 25	44 75
» 75	14 37 1/2	45 14
29 »	14 50	45 53
» 25	14 62 1/2	45 92
» 50	14 75	46 32
» 75	14 87 1/2	46 71

Suite du TABLEAU *comparatif du prix des farines d'après les différents poids usités pour la vente de cette denrée.*

SI LES 100 KILOGRAMMES coûtent :	LES 50 KILOGRAMMES vaudront :	LES 157 KILOGRAMMES vaudront :
30f »	15f »	47f 10
» 25	15 12 1/2	47 49
» 50	15 25	47 89
» 75	15 37 1/2	48 28
31 »	15 50	48 67
» 25	15 62 1/2	49 06
» 50	15 75	49 45
» 75	15 87 1/2	49 85
32 »	16 »	50 24
» 25	16 12 1/2	50 63
» 50	16 25	51 03
» 75	16 37 1/2	51 42
33 »	16 50	51 81
» 25	16 62 1/2	52 20
» 50	16 75	52 60
» 75	16 87 1/2	52 99
34 »	17 »	53 38
» 25	17 12 1/2	53 77
» 50	17 25	54 17
» 75	17 37 1/2	54 56
35 »	17 50	54 95
» 25	17 62 1/2	55 34
» 50	17 75	55 74
» 75	17 87 1/2	56 13

Suite du TABLEAU *comparatif du prix des farines d'après les différents poids usités pour la vente de cette denrée.*

SI LES 100 KILOGRAMMES coûtent :	LES 50 KILOGRAMMES vaudront :	LES 157 KILOGRAMMES vaudront :
36f »	18f »	56f 52
» 25	18 12 1/2	56 91
» 50	18 25	57 31
» 75	18 37 1/2	57 70
37 »	18 50	58 09
» 25	18 62 1/2	58 48
» 50	18 75	58 88
» 75	18 87 1/2	59 27
38 »	19 »	59 66
» 25	19 12 1/2	60 05
» 50	19 25	60 45
» 75	19 37 1/2	60 84
39 »	19 50	61 23
» 25	19 62 1/2	61 62
» 50	19 75	62 02
» 75	19 87 1/2	62 41
40 »	20 »	62 80
» 25	20 12 1/2	63 19
» 50	20 25	63 59
» 75	20 37 1/2	63 98
41 »	20 50	64 37
» 25	20 62 1/2	64 76
» 50	20 75	65 16
» 75	20 87 1/2	65 55

Suite du TABLEAU *comparatif du prix des farines d'après les différents poids usités pour la vente de cette denrée.*

SI LES 100 KILOGRAMMES coûtent :	LES 50 KILOGRAMMES vaudront :	LES 157 KILOGRAMMES vaudront :
42f »	21f »	65f 94
» 25	21 12 1/2	66 33
» 50	21 25	66 73
» 75	21 37 1/2	67 12
43 »	21 50	67 51
» 25	21 62 1/2	67 90
» 50	21 75	68 30
» 75	21 87 1/2	68 69
44 »	22 »	69 08
» 25	22 12 1/2	69 47
» 50	22 25	69 87
» 75	22 37 1/2	70 26
45 »	22 50	70 65
» 25	22 62 1/2	71 04
» 50	22 75	71 44
» 75	22 87 1/2	71 83
46 »	23 »	72 22
» 25	23 12 1/2	72 61
» 50	23 25	73 01
» 75	23 37 1/2	73 40
47 »	23 50	73 79
» 25	23 62 1/2	74 18
» 50	23 75	74 58
» 75	23 87 1/2	74 97

Suite du TABLEAU *comparatif du prix des farines d'après les différents poids usités pour la vente de cette denrée.*

SI LES 100 KILOGRAMMES coûtent :	LES 50 KILOGRAMMES vaudront :	LES 157 KILOGRAMMES vaudront :
48f »	24f »	75f 36
» 25	24 12 1/2	75 75
» 50	24 25	76 15
» 75	24 37 1/2	76 54
49 »	24 50	76 93
» 25	24 62 1/2	77 32
» 50	24 75	77 72
» 75	24 87 1/2	78 11
50 »	25 »	78 50
» 25	25 12 1/2	78 89
» 50	25 25	79 29
» 75	25 37 1/2	79 68
51 »	25 50	80 07
» 25	25 62 1/2	80 46
» 50	25 75	80 86
» 75	25 87 1/2	81 25
52 »	26 »	81 64
» 25	26 12 1/2	82 03
» 50	26 25	82 43
» 75	26 37 1/2	82 82
53 »	26 50	83 21
» 25	26 62 1/2	83 60
» 50	26 75	84 »
» 75	26 87 1/2	84 39

Suite du Tableau *comparatif du prix des farines d'après les différents poids usités pour la vente de cette denrée.*

SI LES 100 KILOGRAMMES coûtent :	LES 50 KILOGRAMMES vaudront :	LES 157 KILOGRAMMES vaudront :
54f »	27f »	84f 78
» 25	27 12 1/2	85 17
» 50	27 25	85 57
» 75	27 37 1/2	85 96
55 »	27 50	86 35
» 25	27 62 1/2	86 74
» 50	27 75	87 14
» 75	27 87 1/2	87 53
56 »	28 »	87 92
» 25	28 12 1/2	88 31
» 50	28 25	88 71
» 75	28 37 1/2	89 10
57 »	28 50	89 49
» 25	28 62 1/2	89 88
» 50	28 75	90 28
» 75	28 87 1/2	90 67
58 »	29 »	91 06
» 25	29 12 1/2	91 45
» 50	29 25	91 85
» 75	29 37 1/2	92 24
59 »	29 50	92 63
» 25	29 62 1/2	93 02
» 50	29 75	93 42
» 75	29 87 1/2	93 81

Suite du Tableau *comparatif du prix des farines d'après les différents poids usités pour la vente de cette denrée.*

SI LES 100 KILOGRAMMES coûtent :	LES 50 KILOGRAMMES vaudront :	LES 157 KILOGRAMMES vaudront :
60f »	30f »	94f 20
» 25	30 12 1/2	94 59
» 50	30 25	94 99
» 75	30 37 1/2	95 38
61 »	30 50	95 77
» 25	30 62 1/2	96 16
» 50	30 75	96 56
» 75	30 87 1/2	96 95
62 »	31 »	97 34
» 25	31 12 1/2	97 73
» 50	31 25	98 13
» 75	31 37 1/2	98 52
63 »	31 50	98 91
» 25	31 62 1/2	99 30
» 50	31 75	99 70
» 75	31 87 1/2	100 09
64 »	32 »	100 48
» 25	32 12 1/2	100 87
» 50	32 25	101 27
» 75	32 37 1/2	101 66
65 »	32 50	102 05
» 25	32 62 1/2	102 44
» 50	32 75	102 84
» 75	32 87 1/2	103 23

Suite du TABLEAU *comparatif du prix des farines d'après les différents poids usités pour la vente de cette denrée.*

SI LES 100 KILOGRAMMES coûtent :	LES 50 KILOGRAMMES vaudront :	LES 157 KILOGRAMMES vaudront :
66f »	33f »	103f 62
» 25	33 12 1/2	104 01
» 50	33 25	104 41
» 75	33 37 1/2	104 80
67 »	33 50	105 19
» 25	33 62 1/2	105 58
» 50	33 75	105 98
» 75	33 87 1/2	106 37
68 »	34 »	106 76
» 25	34 12 1/2	107 15
» 50	34 25	107 55
» 75	34 37 1/2	107 94
69 »	34 50	108 33
» 25	34 62 1/2	108 72
» 50	34 75	109 12
» 75	34 87 1/2	109 51
70 »	35 »	109 90

TABLE
DES MATIÈRES

PREMIÈRE PARTIE.

DEUXIÈME PARTIE.

TROISIÈME PARTIE.

Périgueux. — Imprimerie DUPONT et Ce, rue Taillefer.

www.ingramcontent.com/pod-product-compliance
Ingram Content Group UK Ltd.
Pitfield, Milton Keynes, MK11 3LW, UK
UKHW021517260726
13993UKWH00004B/1732